少林武术精粹系列丛书

少林拳（十五）

德虔　德炎　编著

北京体育大学出版社

责任编辑：姜艳艳
责任校对：潘海英
版式设计：李　鹤

图书在版编目（CIP）数据

少林拳. 十五 / 德虔, 德炎编著. -- 北京 : 北京体育大学出版社, 2022.1
（少林武术精粹系列丛书）
ISBN 978-7-5644-3577-6

Ⅰ. ①少… Ⅱ. ①德… ②德… Ⅲ. ①少林拳－套路(武术) Ⅳ. ①G852.15

中国版本图书馆CIP数据核字(2022)第007604号

少林拳（十五）
SHAOLINQUAN(SHIWU)　　德虔　德炎　编著

出版发行：北京体育大学出版社
地　　址：北京海淀区农大南路1号院2号楼2层办公B-212
邮　　编：100084
网　　址：http://cbs.bsu.edu.cn
发 行 部：010-62989320
邮 购 部：北京体育大学出版社读者服务部 010-62989432
印　　刷：北京昌联印刷有限公司
开　　本：880mm × 1230mm　　1/32
成品尺寸：148mm × 210mm
印　　张：2.5
字　　数：49千字
版　　次：2022年1月第1版
印　　次：2022年1月第1次印刷
定　　价：13.80元

前言

武术作为中国的国粹，是中华民族传统文化的组成部分。家喻户晓的少林武术便是其中极具代表性的门类，是中国武术的重要象征。

我社与少林武术结缘已久，伴随着时光的流逝，有多种内容、多样组合、各种形式的载有少林武术的出版物，源源不断地从我社注入市场，为方兴未艾的少林武术热潮平添了更高的热度。可以说，少林武术图书一直与我社相伴相随，成为我社具有长期出版价值的图书门类。其中，少林武术图书的编纂者——已故的王长青（法号释德虔）先生功不可没。他经年累月锲而不舍，寻于寺院、觅于乡间，挖掘出大量尘封的少林武术资料，继而分门别类梳理、整饬成一册册书稿，并与我社携手努力，打造出独树一帜的武术图书板块，为我社的武术图书出版打开了新局面。

今天，在着力弘扬中华优秀传统文化，树立和增强文化自信的大背景下，我社将以往出版的少林武术书籍重新进行了编排，以全新的面貌推出“少林武术精粹系列丛书”，这是我社多年来少林武术出版情结的延续，是对积累和沉淀的少林武术资源的再一次整合与展示，更紧密契合了时代的要求。

通过这套书，读者可以研习刚柔相济、闪转腾挪的少林功夫，可以感悟其中凝结的中华智慧，可以领略武术文化的博大精深……这便是我社对这套书出版价值的期待。

动作名称

预备势
1.独龙出洞
2.金雕展翅
3.野马弹踢
4.怀中抱月
5.倒踢北斗
6.魁星抱斗
7.野马转峰
8.恶虎登山
9.泰山压顶
10.罗汉铁臂
11.擂鼓聚将
12.豹子翻身
13.猛虎抢食
14.猛虎转身
15.插花叠手
16.五步连珠炮
17.回龙炮
18.金龙旋云
19.兴云布雨
20.金龙旋云
21.兴云布雨
22.天鹅下蛋
23.海下砸鳖
24.刘海推磨
25.哪吒搅海
26.罗汉捧香
27.飞上天堂
28.弯弓射雁
29.迷糊手
30.罗汉还礼
31.罗汉合十
收　势

八路少林金刚拳

目　录

动作图解

预备势

身体挺直，两臂自然下垂，两手五指并拢，掌心向内，掌指向下；两腿挺直并立，两脚成八字；目视正前方。（图1）

1.独龙出洞

两脚蹍地，身体向左转90度，抬右腿，原地震脚落地，同时左脚上前一步，屈膝成左弓步；两手同时变拳，由前向左向上方画弧再向下向前直臂冲出，拳心向下；目视两拳。（图2）

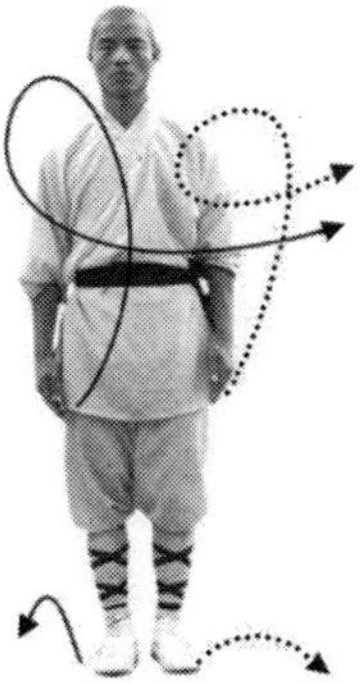

图 1

图 2

2.金雕展翅

左脚向后收回半步，脚尖点地成左虚步，右腿屈膝半蹲；同时两拳由前向上向后再向两侧下方画弧，抱于两肋外侧，拳心向内；目视前方。（图3）

图 3

3.野马弹踢

右腿直立，速抬左腿向前猛力弹踢；两拳不变；目视前方。（图4）

4.怀中抱月

左脚在前方落地，速抬右脚上前与左脚并步站立；同时两拳迅速变掌由前向上再向两侧下方画弧外展，然后屈肘交叉，抱于胸前，左掌在内，右掌在外，两掌心斜向外，掌指向上；目视前方。（图5）

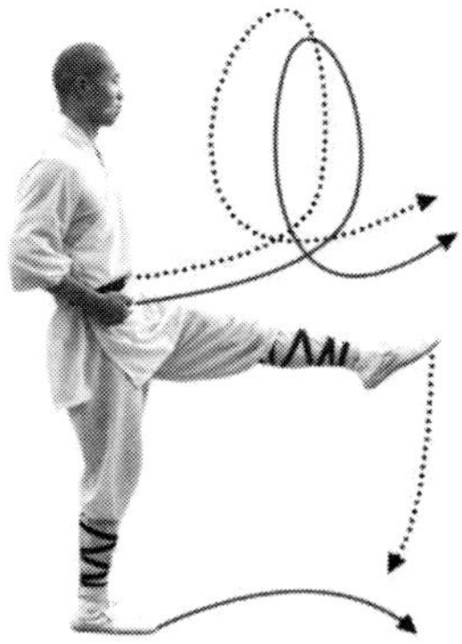

图 4

图 5

5.倒踢北斗

两脚跳起，身体向右转180度，抬右腿向前弹踢；同时两掌变拳，左拳架于左肋外侧，拳心向右，拳眼向下，右臂屈肘，右拳抱于左肋前侧，拳心向内，拳眼斜向上；目视右脚。（图6）

6.魁星抱斗

右脚在身体右侧落地，同时左腿提膝，成独立势；两拳同时由左向右再向上向左在胸前画弧（左拳内、右拳外），然后右拳举于头上右侧，拳心向前，左臂屈肘，左拳护于右腋下，拳心向内；目视左侧。（图7）

图 6

图 7

7.野马转峰

右脚原地不动，左脚向前猛力弹踢；两拳不变；目视左侧。（图8）

8.恶虎登山

左脚落地，两脚踩地，身体向左转90度，左腿屈膝成左弓步；右拳由后向前直臂冲出，拳心向下，高与肩平，左臂屈肘，左拳抱于左肋前下侧，拳心向上；目视右拳。（图9）

图 8

图 9

9.泰山压顶

抬右脚落于左侧一步震脚，迅速抬左脚落于右脚旁，两脚踩地，身体向右转90度，两腿屈膝成马步；左拳由上向下砸于左下方，拳心向下，右臂屈肘，右拳收护于右肋下侧，拳心向上；目视左拳。（图10）

上述动作不停，两脚跳起，身体向左转180度，两脚落地成马步；右拳随转身由上向右下方猛力栽击，拳心向下；左臂屈肘，左拳收护于左肋外下侧，拳心向上；目视右拳。（图11）

上述动作不停，两脚向右侧跳步，身体向右转180度落地，屈膝成马步；左拳由上向左下方砸击，拳心向下，右臂屈肘，右拳护于右肋外下侧，拳心向上；目视左拳。（图12）

图 10

图 11

图 12

10.罗汉铁臂

两脚踝地，身体向右转90度，右腿屈膝成右弓步；两拳由后向前下方砸击，左臂向下砸压在右臂上，拳心向下，右臂屈肘在下，

迎击左上臂，拳心向下；目视左拳。（图13）

上述动作不停，抬左脚落在右脚前一步，屈膝成左弓步；右拳由后向前砸击，右臂压在左臂上，拳心向下，左臂屈肘迎击右上臂，左拳心向下；目视右拳。（图14）

图 13

图 14

11.擂鼓聚将

左脚不动，右脚上前一步，屈膝成右弓步；左拳由后向前猛力推出，拳心向下，右臂屈肘，右拳护于右肋外下侧，拳心向上，目视左拳。（图15）

上述动作不停，抬左脚落于右脚前一步，屈膝成左弓步；左拳向内向上画弧，再反劈崩击于前上方，拳心向右，右拳冲于身前上方，拳心向左；目视前方。（图16）

图 15

图 16

12.豹子翻身

两脚跳起，身体向右猛转270度，两脚落地成右弓步；右拳横架于头上前方，拳心斜向前，左臂屈肘，左拳压于身前下方，拳心向内；目视左侧。（图17）

13.猛虎抢食

起身，两脚踉地，身体向左转90度，左腿屈膝成左弓步；左拳由后向前冲出，略高于肩，拳心向下，右臂屈肘，右拳护于右肋下，拳心向上；目视左拳。（图18）

上述动作不停，抬右脚落于左脚前一步，屈膝成右弓步；右拳向前冲出，拳心向下，左臂屈肘，左拳收护于左肋下，拳心向上；目视右拳。（图19）

上述动作不停，抬左脚落于右脚前一步，屈膝成左弓步；左拳向前冲出，略高于肩，拳心向内，右臂屈肘，右拳护于右肋下，拳

心向上；目视左拳。（图20）

图 17

图 18

图 19

图 20

14.猛虎转身

两脚踉地，身体向左转180度，抬右脚落于左脚后半步，左脚尖点地，成左虚步；两臂屈肘在胸前交叉，左拳在上，右拳在下，拳心斜向下；目视前方。（图21）

15.插花叠手

两脚不动；两拳在胸前由右向左上翻，在胸前交叉，右拳在上，左拳在下，拳心斜向下；目视前方。（图22）

图 21

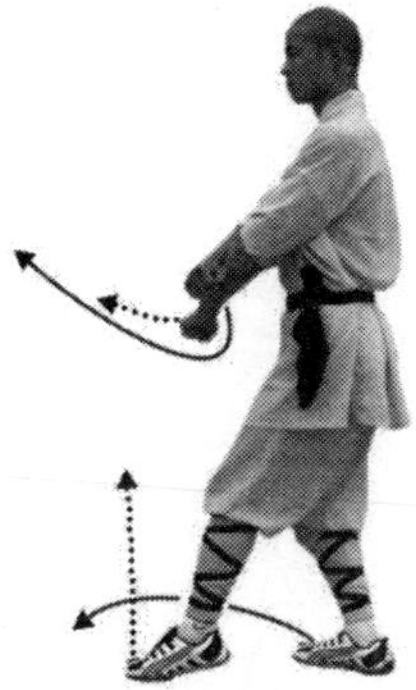

图 22

16.五步连珠炮

右脚向前一步，左腿速向后提起，成独立势；右拳变掌向前穿出，左臂屈肘，左拳护于左肋前，拳心向上；目视前方。（图23）

上述动作不停，左脚向前一步落地，右腿向后提起，成独立势；左拳向前方猛冲出，高与肩平，拳心向下，右臂屈肘，右掌变拳护于右肋前，拳心向上；目视左拳。（图24）

上述动作不停，右脚向前一步落地，左腿向后提起，成独立势；右拳向前方猛冲出，拳心向下，左臂屈肘，左拳护于左肋前，拳心向上；目视右拳。（图25）

上述动作不停，左脚向前一步落地，右腿向后提起，成独立

左拳向前冲出，拳心向下；右臂屈肘，右拳护于右肋内侧，拳心向上；目视左拳。（图24）

上述动作不停，右脚向前一步落地，左腿向后提起，成独立势；右拳向前冲出，拳心向下；左臂屈肘，左拳护于左肋前，拳心向上；目视右拳。（图25）

图 23

图 24

图 25

17.回龙炮

左脚在右脚后一步处落地，两脚踉地，身体向左转180度，迅速向后提起右腿，成独立势；左拳向前直冲，高与肩平，拳心向下，右臂屈肘，右拳收抱于右肋前，拳心向上；目视左拳。（图26）

上述动作不停，右脚上前一步，左腿向后提起，成独立势；右拳变掌向前穿出，掌心向前，掌指向上，左拳护于左肋前，拳心向上；目视右掌。（图27）

上述动作不停，左脚上前一步，右腿向后提起，成独立势；左拳由后向前冲出，拳心向下，右掌变拳收抱于右肋前，拳心向上；目视左拳。（图26）

上述动作不停，右脚上前一步，左腿向后提起，成独立势；右拳变掌向前穿出，掌心向前，掌指向上，左臂屈肘，左拳护于左肋前，拳心向上；目视右掌。（图27）

上述动作不停，左脚上前一步，右腿向后提起，成独立势；左拳由后向前冲出，拳心向下，右掌变拳收抱于右肋前，拳心向上；目视左拳。（图26）

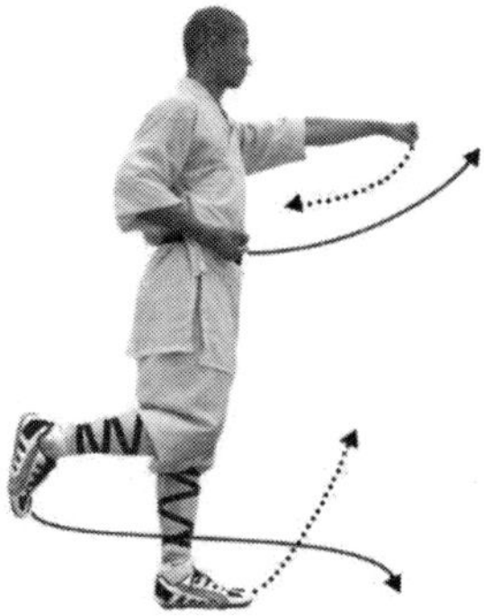

图 26

图 27

18.金龙旋云

右腿不落地，左脚离地跳，身体向右转360度，右脚先落地，然后左脚停于右脚内侧；同时两拳变掌，随身转动，右掌伸向前方，掌心向前，掌指向上，左掌展于左侧上方，掌心向外，掌指斜向上；目视前方。（图28）

图 28

19.兴云布雨

左脚在右脚后半步落地，右脚后撤于左脚后一步，两脚踝地，身体向右转90度，两腿屈膝成马步；两臂屈肘，两掌架于左右两侧上方，掌心向外；目视前方。（图29）

上述动作不停，两脚踝地，身体向右转90度，右腿屈膝成右弓步；同时两掌变拳，右拳向前方猛冲，高与肩平，拳心向下，左臂屈肘，左拳护于左肋侧，拳心向上；目视右拳。（图30）

图 29

图 30

20.金龙旋云

两脚跳起，身体向右转360度，右脚落地，左腿向后提起，停于右小腿后内侧；两拳变掌，左掌推于胸前，掌心向前，掌指斜向上，右掌架于右侧上方，掌心向外，掌指斜向上；目视前方。（图31）

图 31

21.兴云布雨

左脚在右脚后一步落地，两脚蹍地，身体向左转90度，两腿屈膝成马步；两掌同时变拳，屈肘架于左右两侧上方，拳心向前；目视前方。（图32）

上述动作不停，两脚蹍地，身体向左转90度，左腿屈膝成左弓步；两拳由前向后向右画弧，然后甩击于前方，左拳向前冲击，右臂屈肘，右拳护于胸前，拳心向下；目视左拳。（图33）

图 32

图 33

22.天鹅下蛋

两脚踩地，身体向右转180度；同时左拳由后向前下方砸击，拳心向下，右臂屈肘，右拳护于右肋外侧，拳心向上；目视左拳。（图34）

上述动作不停，抬左脚落于右脚前一步，屈膝成左弓步，右拳由后向前下方砸击，拳心向下，左臂屈肘，左拳护于左肋外侧，拳心向上；目视右拳。（图35）

图 34

图 35

23.海下砸鳖

两脚踩地，身体向右转180度，右腿屈膝成右弓步；两臂屈肘，两拳收护于两肋外侧，拳心向上；目视前方。（图36）

上述动作不停，抬左脚落于右脚前一步，屈膝成左弓步；右拳向前下方栽击，落于左膝内侧，拳心向后，左臂屈肘，左拳护于左肋外侧，拳心向上；目视前方。（图37）

图 36

图 37

上述动作不停，两脚蹍地，身体向右转180度，右腿屈膝成右弓步；左拳向前下方栽击，落于右膝内侧；右臂屈肘，右拳护于右肋外侧，拳心向上；目视前方。（图38）

图 38

24.刘海推磨

两脚蹍地，身体向左转180度，左腿屈膝成左弓步；右拳向前扣击，拳心向下，左拳甩于身后，拳心向上；目视右拳。（图39）

上述动作不停，两脚蹍地，身体向右转180度，右腿屈膝成右弓步；左拳由后向前扣击，拳心向下，右拳甩击于身后，拳心向上；目视左拳。（图40）

图 39

图 40

25.哪吒搅海

右腿伸直，左腿向后提起成独立势；右拳上举于头上右侧，拳心向前；左臂屈肘，左拳护于胸前，拳心向内；目视前方。（图41）

图 41

上述动作不停，左脚向左落地，两脚离地箭起，向左侧翻车轮，身体倒立，两腿分开，两手直臂支撑；目视地面。（图42）

上述动作不停，两脚先后落地，两腿分开半步站立；两拳向两

侧推出，高与肩平，拳心向下，拳眼向前；目视前方。（图43）

图 42

图 43

26.罗汉捧香

两腿屈膝成马步；两拳变掌，由两侧屈肘收抱于胸前鸣掌，掌心相对，掌指向上；目视前方。（图44）

27.飞上天堂

两脚蹍地，身体向右转90度，左腿向前弹踢，左脚不落地，右脚速抬起，向前上方弹摆；当全身腾空时，速出两掌由右向左拍击右脚面；目视两掌。（图45）

图 44

图 45

28.弯弓射雁

两脚落地，然后两脚踉地，身体向左转90度，右腿屈膝成右弓步；两掌落于胸前交合，左掌迅速推向前方，掌心向前，掌指向上，右臂屈肘，右掌护于右肋侧，掌心斜向下，掌指斜向上；目视左掌。（图46）

图 46

29.迷糊手

抬右脚移于左脚前半步成虚步；两手由外向内交合成下叉手，左掌在内，右掌在外，掌心斜向下，两掌指斜向前；目视前方。（图47）

上述动作不停，右脚向后撤一步，落于左脚后，身体向右转180度；两手分开，再交合于胸前成下叉手，右掌在下，左掌在上，掌心向下；目视两掌。（图48）

图 47

图 48

上述动作不停，左脚向右移步，落于右脚前半步成叉步；两手同时向外旋腕，然后右手由下向上架于头上前方，掌心斜向上，掌指向左，左手由下向后甩成反勾手，勾尖向上；目视左侧方。（图49）

30.罗汉还礼

左脚撤步，与右脚并拢站立；右掌下落于胸前，左勾手变掌由后前穿在胸前，与右掌交合成下叉手，然后右掌由前向右再向上横架于头上前方，掌心向上，掌指斜向左，左掌由前向上向左再向下端于腹部，掌心向上，掌指向右；目视前方。（图50）

图 49

图 50

31.罗汉合十

两脚不动；左掌上举，与右掌共同外展，向两侧画弧，再向下向里上抱于胸前，成十字叉手，左掌在内，右掌在外，两掌心向外，掌指向上；目视前方。（图51）

收　势

两脚不动；两掌下落再向外向上向里画弧，然后下落于两胯外侧，掌心向内，掌指向下；目视正前方。（图52）

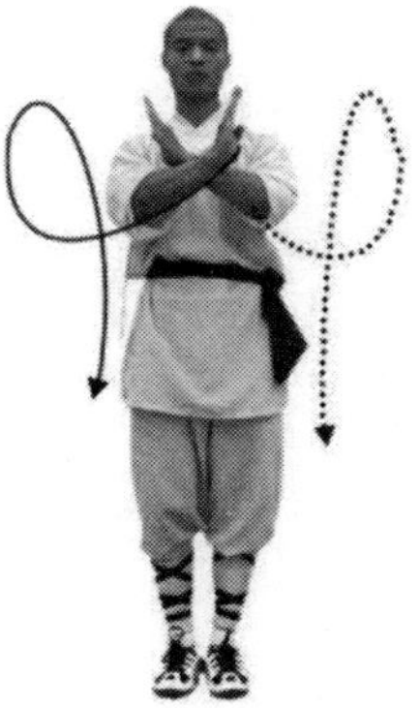

图 51

图 52

九路少林金刚拳

动作名称

预备势
1.独龙出洞
2.金雕展翅
3.野马弹踢
4.怀中抱月
5.倒踢北斗
6.魁星抱斗
7.野马转峰
8.恶虎登山
9.鲁班拉钻
10.大鹏展翅
11.猛虎转身
12.大鹏展翅
13.野马跳槽
14.过关斩将
15.卧牛腿
16.野马跳槽
17.豹子跳涧
18.卷地黄风
19.黑风卷地
20.猛虎登攀
21.大虎抱头
22.黑风卷地
23.马步四平
24.狮子弹爪
25.蝎子勾尾
26.狮子弹爪
27.蝎子勾尾
28.青龙摆尾
29.狮子洗爪
30.拨马回乡
31.猛虎抓膝
32.紫燕钻云
33.旋卷风雷
34.乌龙摆尾
35.飞上天堂
36.弯弓射雁
37.迷糊手
38.罗汉还礼
39.罗汉合十
收　势

动作图解

预备势

身体挺直，两臂自然下垂，两手五指并拢，掌心向内，掌指向下；两腿挺直并立，两脚成八字；目视正前方。（图1）

1.独龙出洞

两脚蹍地，身体向左转90度，抬右腿，原地震脚落地，同时左脚上前一步，屈膝成左弓步；两手同时变拳，由前向左向上方画弧再向下向前直臂冲出，拳心向下；目视两拳。（图2）

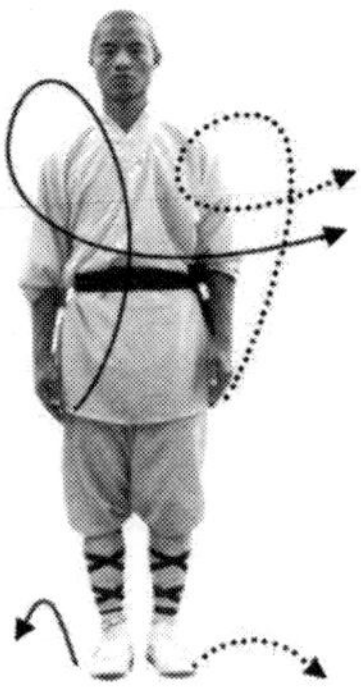

图 1

图 2

2.金雕展翅

左脚向后收回半步，脚尖点地成左虚步，右腿屈膝半蹲；同时两拳由前向上向后再向两侧下方画弧，抱于两肋外侧，拳心向内；目视前方。（图3）

图 3

3.野马弹踢

右腿直立，速抬左腿向前猛力弹踢；两拳不变；目视前方。（图4）

4.怀中抱月

左脚在前方落地，速抬右脚上前与左脚并步站立；同时两拳迅速变掌由前向上再向两侧下方划弧外展，然后屈肘交叉，抱于胸前，左掌在内，右掌在外，两掌心斜向外，掌指向上；目视前方。（图5）

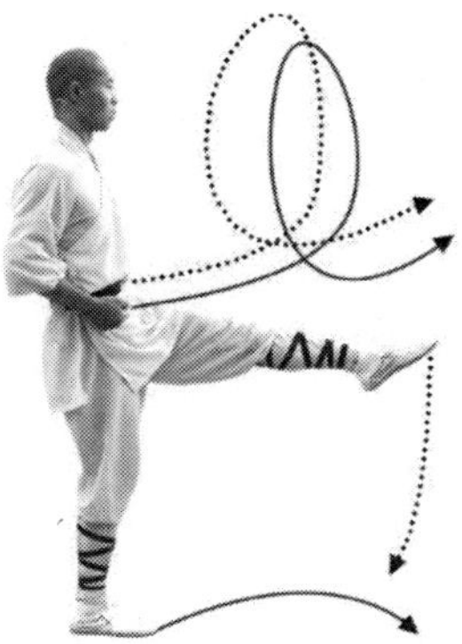

图 4

图 5

5.倒踢北斗

两脚跳起，身体向右转180度，抬右腿向前弹踢；同时两掌变拳，左拳架于左肋外侧，拳心向右，拳眼向下，右臂屈肘，右拳紧抱于左肋前侧，拳心向内，拳眼斜向上；目视右脚。（图6）

6.魁星抱斗

右脚在身体右侧落地，同时左腿提膝，成独立势；两拳同时由左向右再向上向左，在胸前画弧（左拳内、右拳外），然后右拳举于头上右侧，拳心向前，左臂屈肘，左拳护于右腋下，拳心向内；目视左侧。（图7）

图 6

图 7

7.野马转峰

右脚原地不动，左脚向前猛力弹踢；两拳不变；目视左侧。（图8）

8.恶虎登山

左脚落地，两脚踉地，身体向左转90度，左腿屈膝成左弓步；右拳由后向前直臂冲出，拳心向下，高与肩平，左臂屈肘，左拳抱于左肋前下侧，拳心向上；目视右拳。（图9）

图 8

图 9

9.鲁班拉钻

左脚不动，抬右腿向前弹踢；左拳由后向前冲出，拳心向下，右臂屈肘，右拳护于右肋前下侧，拳心向上；目视左拳。（图10）

上述动作不停，右脚在前半步落地，速抬左腿向前弹踢；右拳向前冲出，拳心向下，左臂屈肘，左拳收回于左肋前下侧，拳心向上；目视右拳。（图11）

上述动作不停，左脚在前方半步落地，速抬右腿向前弹踢；同时左拳向前冲击，拳心向下，右臂屈肘，右拳护于右肋前下侧，拳

心向上；目视左拳。（动作如图10所示，但动作线不同）

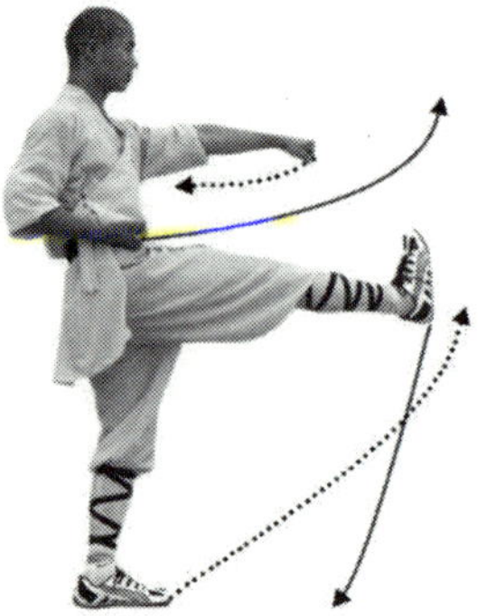

图 10

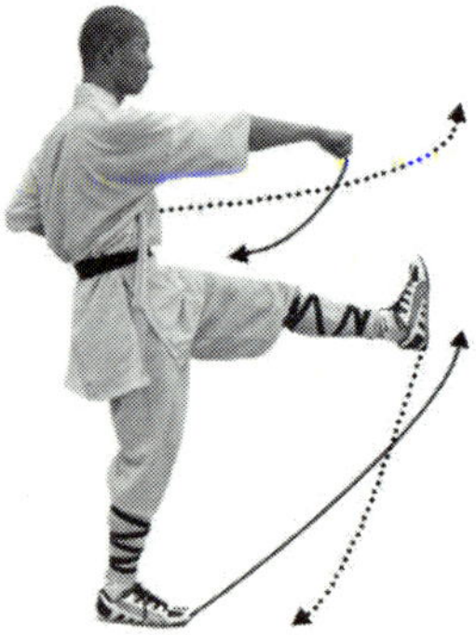

图 11

10.大鹏展翅

右脚在前一步落地，抬左腿向前蹬踢；两拳变掌，左掌在前，右掌在后，分别向前后展开，两掌心向外，掌指向上；目视左脚。（图12）

上述动作不停，左脚在前一步落地，速抬右腿向前蹬踢；两掌收回在身前交合，再向前后展开，右掌在前，左掌在后，两掌心向外，掌指向上；目视右脚。（图13）

图 12

图 13

11.猛虎转身

右脚在前方半步落地，两脚踉地，身体向左转270度，左脚迅速抬起向左侧蹬踢；两掌收回在身前交合，速向左右两侧展开，掌心向外，掌指向上；目视左脚。（图14）

图 14

12.大鹏展翅

左脚落地，右腿抬起向右侧弹踢；两掌收回身前交合，迅速向左右展出，两掌心向外，掌指向上；目视右脚。（图15）

上述动作不停，右脚在前一步落地，两脚踉地，身体向右转180度，速抬左腿向左侧弹踢；两掌收回在胸前交合，迅速向左右两侧展出，掌指斜向上；目视左脚。（图16）

图 15

图 16

13.野马跳槽

左脚落地，两脚踉地，身体向左转180度，抬右腿向右弹踢；两掌收回在身前交合后，再向左右两侧展开，两掌心向外，掌指向上；目视右掌。（图17）

14.过关斩将

右脚在前方落地，两脚踉地，身体向右转90度，速抬左脚向前泼踢；两掌由前向左后甩击，左掌心斜向下，掌指向外，右掌向左，掌指向上；目视前方。（图18）

上述动作不停，左脚落地，速抬右脚向前泼踢；两掌由左向前再向右后甩击，右掌心斜向下，掌指向外，左掌向前，掌指向上，；目视前方。（图19）

图 17

图 18

图 19

15.卧牛腿

右脚落于左脚前半步，两脚踉地，身体向右转90度，抬左腿向左侧铲踹；同时右掌上展于头上右侧，掌心向右，掌指向上；左臂屈肘，左掌护于右肩内侧，掌心斜内，掌指斜向上；目视左脚。（图20）

上述动作不停，左脚落地，两脚踉地，身体向左转180度，速抬右腿向右侧铲踹踢击；左掌上展于左侧上方，掌心向左，掌指向上；右臂屈肘，右掌护于左肩内侧，掌心向左，掌指斜向上；目视前方。（图21）

上述动作不停，右脚落地，速抬左腿向左侧铲踹踢击，之后落地；同时右掌上展于右侧上方，掌心向右，掌指向上；左臂屈肘，左掌护于右肩内侧，掌心向右，掌指斜向上；目视左下方。（图22）

图 20

图 21

图 22

16.野马跳槽

两脚踩地，身体向左转90度，右腿迅速抬起向前弹踢；两臂同时屈肘，两掌向前后展开，两掌心向外，掌指向上；目视前方。（图23）

图 23

17.豹子跳涧

右脚在前方一步落地，左腿迅速向右抬起；右掌向头前上方推出，掌指斜向上，左臂屈肘，左掌护于胸前，掌心斜向下，掌指斜向前；目视前方。（图24）

上述动作不停，左脚在右脚前一步落地，右腿迅速向后提起；左掌向头前上方推出，掌心向前，掌指向上，右掌护于胸前，掌心斜向下，掌指斜向左；目视前方。（图25）

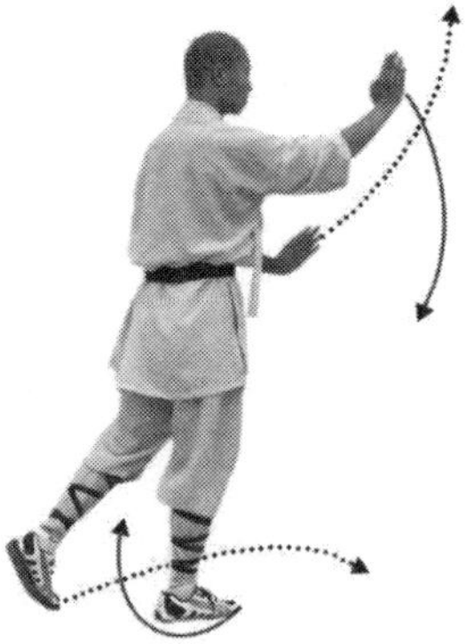
图 24

图 25

18.卷地黄风

左腿在前方屈膝全蹲，右腿迅速伸直，左脚碾地，右腿由右向前再向左扫腿，身体向左转270度；两掌按地于左脚两侧；目视右腿。（图26）

19.黑风卷地

右腿屈膝全蹲，左腿伸直，右脚碾地，身体向左转180度；左腿由左向后扫击半圈，两掌按地于右脚两侧；目视前下方。（图27）

图 26

图 27

20.猛虎登攀

起身，两脚踬地，身体向左转90度，左腿屈膝成左弓步；两掌变拳，右拳向前下方冲出，拳心向内；左拳横架于头前上方，拳心斜向外；目视右拳。（图28）

21.大虎抱头

两脚跳起，身体向右转270度，落地成右弓步；右拳横架于头前上方，拳心斜向前；左拳下按于身前右下方，拳心向内；目视前方。（图29）

图 28

图 29

22.黑风卷地

左腿屈膝全蹲，右腿伸直，左脚踬地，右腿由右向左前扫半圈，身体向左转180度；两拳变掌，按于左脚两侧；目视右腿。（图30）

上述动作不停，右腿由右向前向左扫半圈，身体向左转180度；

目视右腿。（图31）

图 30

图 31

23.马步四平

右脚内收，起身，两腿屈膝成马步；两掌收回在身前交合，再向左右两侧展开，两掌心向外，掌指向上；目视前方。（图32）

24.狮子弹爪

两脚踉地，身体向左转90度，抬右脚向前向左勾缠画弧后，右腿再向前弹踢；两掌变拳，甩于左后方，左拳心向外，拳眼向上，右拳心向内，护于左肋外侧；目视右脚。（图33）

上述动作不停，右脚在前一步落地，速抬左脚向前向右勾缠，左腿再向前弹踢；两拳由左向右后方甩击，右拳心向外，拳眼向上，左拳护于右肋外侧，拳心向内；目视左脚。（图34）

图 32

图 33

图 34

25.蝎子勾尾

左脚在前一步落地，两脚踝地，身体向右转270度，抬右腿向右向前弹踢；左拳横架于头上左侧，拳心向前，右拳向右冲出，拳心向前；目视右脚。（图35）

26.狮子弹爪

右脚在右侧半步落地，两脚踝地，身体向右转180度，速抬左腿由后向前勾缠，左腿再向左弹踢，然后收回于右腿内侧不落地；两臂随身转动，两拳平举于右侧，右拳心向外，左拳护于右肋外侧，拳心向内；目视左脚。（图34）

27.蝎子勾尾

左脚落于右脚内侧，两脚踱地，身体向左转180度，迅速抬右脚向右向后勾缠，然后向右侧弹踢；左拳横架子头上左侧，拳心向前，右拳向右冲出，拳心向前；目视右脚。（图35）

28.青龙摆尾

右脚落于左脚内侧，两脚踱地，身体向左转90度，抬左腿向右侧弹踢；两拳分别在身体两侧打开，拳心向前，拳眼向上；目视前方。（图36）

图 35

图 36

上述动作不停，左腿由右侧向前弹踢，再回脚踢向左侧；右拳上架于右侧上方，拳心向前；左拳冲于左前方，拳心向右；目视左

脚。（图37）

左脚落地，两脚踉地，身体向左转180度，速抬右腿向前弹踢；右拳下落，拳心向前；目视右脚。（图38）

图 37

图 38

29.狮子洗爪

右脚在前方一步落地，两脚踉地，身体向右转180度，抬左腿向前方弹踢；左拳变掌由上向下拍击左脚面，右臂屈肘，右拳抱于右肋外侧，拳心向上；目视左脚。（图39）

上述动作不停，左脚在前方半步落地，速抬右腿向前方弹踢，右拳变掌由上向下拍击右脚面，左臂屈肘，左掌变拳护于左肋外侧，拳心向上；目视右脚。（图40）

上述动作不停，右脚在前方半步落地，速抬左脚向前方弹踢；左拳变掌由上向下拍击左脚面；右掌变拳，右臂屈肘，右拳收抱于右肋外侧，拳心向上；目视左脚。（图39）

图 39

图 40

30.拨马回乡

左脚在前落地，以左脚为轴蹍地，身体向右转180度，速抬左腿向前扣踢；左掌拍击左脚掌内侧，右拳变掌上架于右侧上方，掌心向前，掌指斜向上；目视前方。（图41）

31.猛虎抓膝

左脚在前一步落地，之后迅速抬起；左掌由上向下拍击左膝盖，右掌上架于头上右侧，掌心向前，掌指向上；目视前方。（图42）

32.紫燕钻云

左脚不落地，右腿向前上方弹踢；当全身腾空时，速出右掌拍击右脚面，左掌变勾手架于身后左上方，勾尖向下；目视右脚。（图43）

图 41

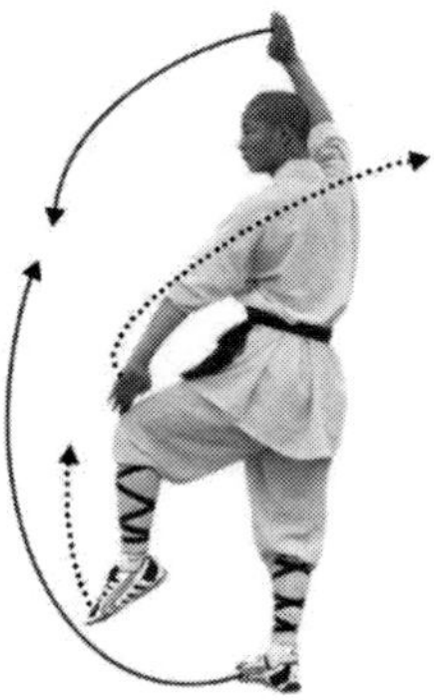
图 42

图 43

33.旋卷风雷

两脚落地，右脚位置左脚稍前半步，两脚踝地，身体向左转90度；左勾手变掌展于左侧上方，掌心向前，掌指斜向左；右掌展于右侧方，掌心向前，掌指斜向右；目视前方。（图44）

上述动作不停，两脚离地旋跳，身体向左转90度；当全身腾空时，速出左掌拍击右脚掌内侧，右掌外展于右侧上方，掌心向外，掌指向上；目视右脚。（图45）

图 44

图 45

34.乌龙摆尾

两脚落地，右脚上前一步，速抬左腿向右后方踹蹬；同时右掌由右向后下方伸出，掌心斜向下，掌指斜向右下方，左掌向左前方推出；目视右前方。（图46）

上述动作不停，以右脚为轴蹍地，身体向右转体180度，左脚随转身体向外摆踢；左掌由上向下再向后拍击左脚掌内侧，右掌上架于头前上方，掌心斜向上，掌指斜向上；目视前方。（图47）

图 46

图 47

35.飞上天堂

左脚不落地，右脚速抬起，向前上方弹摆；当全身腾空时，速出两掌由右向左拍击右脚面；目视两掌。（图48）

36.弯弓射雁

两脚落地，然后两脚蹍地，身体向左转90度，右腿屈膝成右弓步；两掌落于胸前交合，左掌迅速推向左侧，掌心向前，掌指向上，右臂屈

肘，右掌护于右肋侧，掌心斜向下，掌指斜向上；目视左掌。（图49）

图 48

图 49

37.迷糊手

抬右脚移于左脚前半步成虚步；两手由外向内交合成下叉手，左掌在内，右掌在外，掌心斜向下，两掌指斜向前；目视前方。（图50）

上述动作不停，右脚向后撤一步，落于左脚后，身体向右转180度；两手分开，再交合于胸前成下叉手，右掌在下，左掌在上，掌心向下；目视两掌。（图51）

图 50

图 51

上述动作不停，左脚向右移步，落于右脚前半步成叉步；两手同时向外旋腕，然后右手由下向上架于头上前方，掌心斜向上，掌指向左，左手由下向后甩成反勾手，勾尖向上；目视左侧。（图52）

38.罗汉还礼

左脚撤步，与右脚并拢站立；右掌下落于胸前，左勾手变掌由后前穿在胸前，与右掌交合成下叉手，然后右掌由前向右再向上横架于头上前方，掌心向上，掌指斜向左，左掌由前向上向左再向下端于腹部，掌心向上，掌指向右；目视前方。（图53）

图 52

图 53

39.罗汉合十

两脚不动；左掌上举，与右掌共同外展，向两侧画弧，再向下向内上抱于胸前，成十字叉手，左掌在内，右掌在外，两掌心向外，掌指向上；目视前方。（图54）

收 势

两脚不动；两掌下落再向外向上向里画弧，然后下落于两胯外侧，掌心向内，掌指向下；目视正前方。（图55）

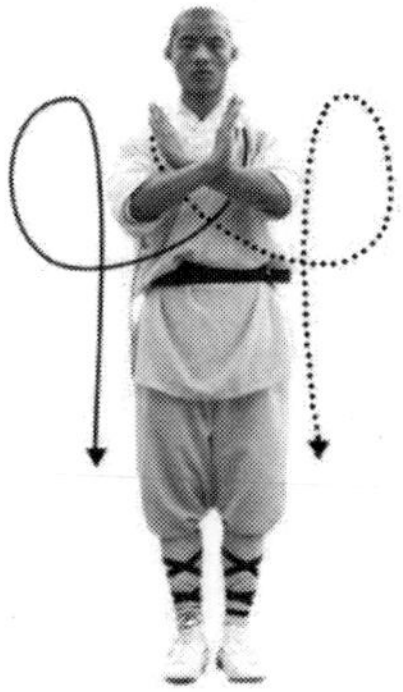

图 54

图 55

十路少林金刚拳

动作名称

预备势
1.独龙出洞
2.金雕展翅
3.野马弹踢
4.怀中抱月
5.倒踢北斗
6.白鹤亮翅
7.野马上槽
8.恶虎奔川
9.豹子回头
10.白猿献果
11.黄龙转身
12.跨虎奔川
13.翻江搅海
14.摆莲洗爪
15.败势观敌
16.猛虎觅食
17.乌龙摇头
18.朝天掌
19.金豹翻身
20.排兵布阵
21.金豹翻身
22.排兵布阵
23.八步赶铲
24.紫燕钻云
25.狮子洗爪
26.风扫梅花
27.黑龙搜山
28.渔公倒划船
29.野马闯槽
30.双龙出海
31.共工撞山
32.武王劈砖
33.海底捞月
34.霸王开弓
35.高祖斩蛇
36.养由基神射
37.李靖托塔
38.龙王布雨
39.闻太师举鞭
40.黄飞虎摧牛
41.杨真君担山
42.姜子牙斩将
43.金龙旋云
44.恶虎登攀
45.五花坐山
46.摆莲脚
47.弯弓射雁
48.迷糊手
49.罗汉还礼
50.罗汉合十
收　势

动作图解

预备势

身体挺直，两臂自然下垂，两手五指并拢，掌心向内，掌指向下；两腿挺直并立，两脚成八字；目视正前方。（图1）

1.独龙出洞

两脚踩地，身体向左转90度，抬右腿，原地震脚落地，同时左脚上前一步，屈膝成左弓步；两手同时变拳，由前向左向上方画弧再向下向前直臂冲出，拳心向下；目视两拳。（图2）

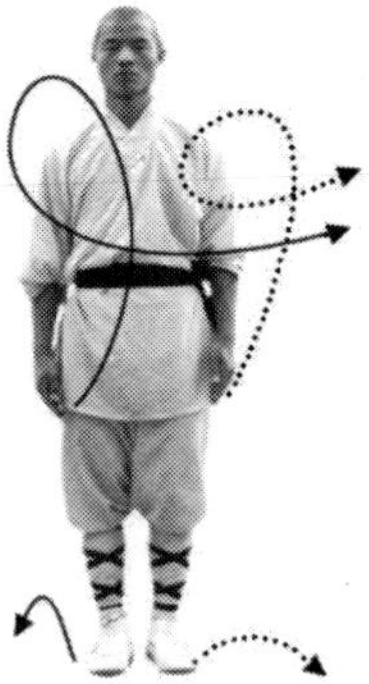

图 1

图 2

2.金雕展翅

左脚向后收回半步，脚尖点地成左虚步，右腿屈膝半蹲；同时两拳由前向上向后再向两侧下方画弧，抱于两肋外侧，拳心向内；目视前方。（图3）

图 3

3.野马弹踢

右腿直立，速抬左腿向前猛力弹踢；两拳不变；目视前方。（图4）

4.怀中抱月

左脚在前方落地，速抬右脚上前与左脚并步站立；同时两拳迅速变掌由前向上再向两侧下方画弧外展，然后屈肘交叉，抱于胸前，左掌在内，右掌在外，两掌心斜向外，掌指向上；目视前方。（图5）

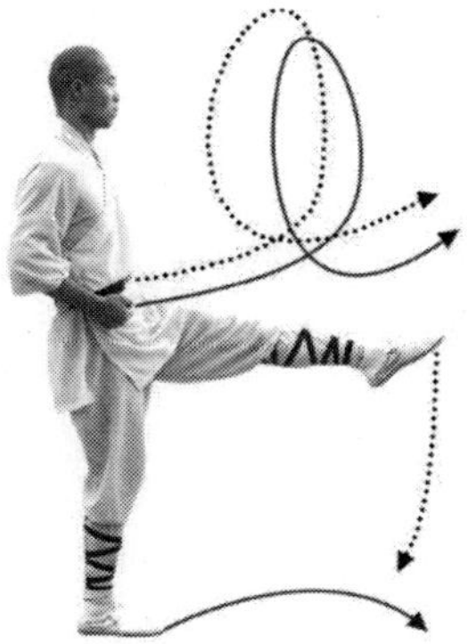

图 4

图 5

5.倒踢北斗

两脚跳起，身体向右转180度，抬右腿向前弹踢；同时两掌变拳，左拳架于左肋外侧，拳心向右，拳眼向下，右臂屈肘，右拳紧抱于左肋前侧，拳心向内，拳眼斜向上；目视右脚。（图6）

6.白鹤亮翅

右脚在右侧落地，左腿提膝，成独立势；两拳变掌在身前交合，再向两侧展开，右掌高于头，左掌与肩平，两掌心向前，掌指斜向外，目视左掌（图7）。

图 6

图 7

7.野马上槽

右脚不动，左腿向左侧弹踢；两掌不变；目视前方。（图8）

8.恶虎奔川

左脚落地，两脚踝地，身体向左转90度，左腿屈膝成左弓步；两掌变拳，右拳前冲，高与肩平，拳心向下，左拳上架于头前上

方，拳心向下，拳心向前，目视右拳。（图9）

图 8

图 9

9.豹子回头

两脚蹍地，身体向右转180度，左腿向后提起，成独立势；右拳由后向前冲击，高与肩平，左拳横架于头上，两拳心向下；目视右拳。（图10）

图 10

10.白猿献果

左脚在左侧一步落地，两脚蹍地，身体向左转180度，抬右腿成独立势；两拳变掌，左掌穿于胸前上方，掌心斜向前，掌指向上，右臂屈肘护于胸前，右掌心斜向左，掌指斜向上；目视左掌。（图11）

上述动作不停，右脚落于左脚前一步，身体向左转90度，抬左腿

成独立势；右掌向前上方穿出，掌心向上，掌指向前，左臂屈肘，左掌护于右肩内侧，掌心向上，掌指向前；目视右掌。（图12）

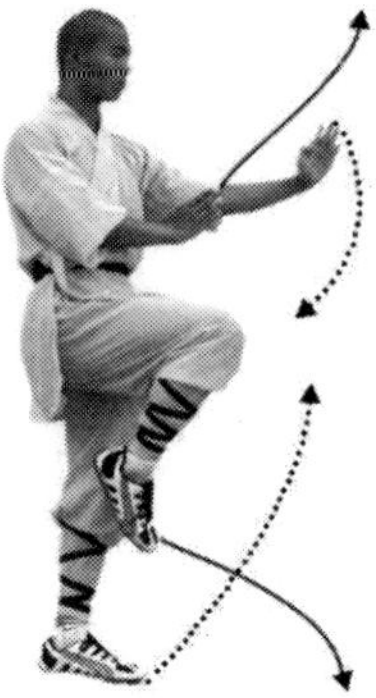

图 11

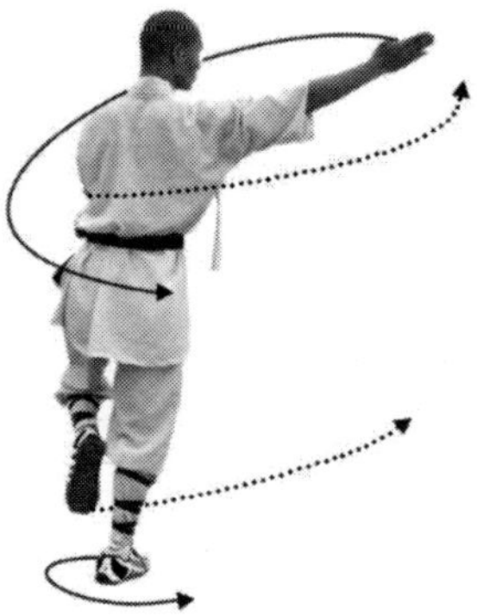

图 12

11.黄龙转身

右脚踉地，身体向左转180度，左脚落于右脚前一步，屈膝成左弓步；右掌向前方插击，掌心斜向下，掌指斜向左；左掌上架于头前上方，掌心斜向前；目视前方。（图13）

12.跨虎奔川

两脚不动；右掌上举于头上右侧，掌心向右，掌指向上，左掌下劈于左侧前下方，掌心向内，掌指斜向下；目视前方。（图14）

图 13

图 14

13.翻江搅海

两脚跳起，向右转身体270度，两脚相距一大步落地，右腿屈膝成右弓步；左掌平推于左侧，掌心向左，掌指向上；右臂屈肘，右掌护于右肋前侧，掌心斜向左，掌指斜向上；目视左掌。（图15）

14.摆莲洗爪

左脚收回成并步，两脚踉地，身体向右转90度，左腿伸直，右腿向前摆踢；两掌由后向左拍击右脚面；目视两掌。（图16）

图 15

图 16

15.败势观敌

右脚在右侧一步落地，两脚踲地，身体向左转90度；左掌向左侧平推，掌心向左，掌指向上；右掌上架于头上右侧，掌心斜向上，掌指斜向左；目视左掌。（图17）

16.猛虎觅食

两脚踲地，身体向左转90度，抬右脚向左脚并步震脚，屈膝微蹲；左掌横架于头前上方，掌心向右，掌指斜向上，右掌向前下方猛力切击，掌心向左，掌指向前；目视右掌。（图18）

图 17

图 18

17.乌龙摇头

抬右脚上前半步震脚，再抬左脚落于右脚前一步，两脚踲地，身体向右转90度；两掌变拳，右拳上架于头前上方，拳心向前；左拳冲于左侧，高与肩平，拳心向下；目视左拳。（图19）

18.朝天掌

两脚踩地，身体向左转90度，右腿提膝，成独立势；两拳变掌，右掌向前推击，掌心向前，掌指向上；左臂屈肘护于胸前，左掌心向右，掌指向上；目视右掌。（图20）

图 19

图 20

19.金豹翻身

左脚离地向右旋跳，身体向右转270度，两腿相距一大步落地，右腿屈膝全蹲，左腿伸直成左仆步；两掌按于身前地面，掌指斜向前；目视前方。（图21）

20.排兵布阵

起身，左腿屈膝成左弓步；两掌由下向上再向左右两侧展开，两掌心向外，掌指向上；目视前方。（图22）

21.金豹翻身

两脚向左旋跳，身体向左转180度，两脚相距一步落地，左腿屈

膝全蹲，右腿伸直成右仆步；两掌由上向下猛力按于身前，掌指斜向前；目视前方。（图23）

22.排兵布阵

起身，右腿屈膝成右弓步；两掌由下向上再向左右两侧展开，两掌心向外，掌指向上；目视前方。（图24）

图 21

图 22

图 23

图 24

23.八步赶铲

两脚踉地，身体向左转90度，左腿向后提起，成独立势；右掌

由后向前穿出，掌心向前，掌指向上；左掌由前向左侧上方展开，掌心向右，掌指向上；目视前方。（图25）

上述动作不停，左脚上前一步落地，右腿向后提起，成独立势；同时左掌由后向前穿出，掌心向前，掌指向上，右掌由前向上外展于右侧上方，掌心向外，掌指向上；目视前方。（图26）

图 25

图 26

上述动作不停，右脚向前一步落地，左腿向后提起，成独立势；右掌由上向后向下再向前穿出，掌心向前，掌指向上，左掌由下向上展于左侧上方，掌心向右，掌指向上；目视前方。（图25）

上述动作不停，左脚上前一步落地，右腿向后提起，成独立势；同时左掌由后向下再向前穿击，掌心向前，掌指向上，右掌由前向外展于右侧上方，掌心向外，掌指向上；目视前方。（图26）

上述动作不停，右脚向前一步落地，左腿向后提起，成独立势；右掌由上向后向下再向前穿击，掌心向前，掌指向上，左掌由下向上

展于左侧上方，掌心向右，掌指向上；目视前方。（图25）

24.紫燕钻云

左脚不落地，右脚离地跳起，向前上方弹踢；当全身腾空时，速出右掌由上向下拍右脚面，左掌变勾手后架于左后上方；目视右脚。（图27）

图 27

25.狮子洗爪

两脚落地，右脚落于左脚前半步，速抬左腿向前方弹踢；同时左勾手变掌，由上向下拍击左脚面；右掌上架于右侧上方，掌心向前，掌指斜向上；目视左脚。（图28）

26.风扫梅花

左脚在右脚前半步落地，身体向左转体180度，右脚离地，由右向左扫击泼踢半圈，成右虚步，再由左向右扫；两掌下落于身前，展于身体右侧，两掌心向外，掌指向上；目视前方。（图29）

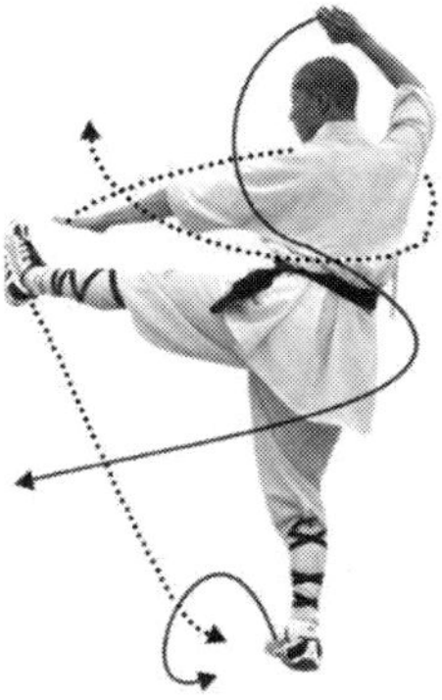
图 28

图 29

27.黑龙搜山

右脚站稳，抬左脚向前泼踢；同时两掌由右向左拨打甩于身体左侧后，两掌心向外，掌指斜向上；目视前方。（图30）

上述动作不停，左脚站稳，抬右腿向前泼踢；同时两掌由左向右后拨打甩于身体右侧后，两掌心向外，掌指斜向上；目视前方。（图31）

图 30

图 31

28.渔公倒划船

右脚站稳，左腿向后提起，成独立势；右掌由后向下再向前穿击，掌心向前，掌指斜向上，左掌由前向上展于左侧上方，掌心斜向上，掌指斜向右；目视前方。（图32）

上述动作不停，左脚于右脚后半步落地，两脚踝地，身体向右转90度，抬右腿成独立势；两掌由前向上向后抡开，右掌展于右上方，掌心向前，掌指斜向上；左掌展于左侧，掌心向前，左掌指斜向左；目视左侧掌。（图33）

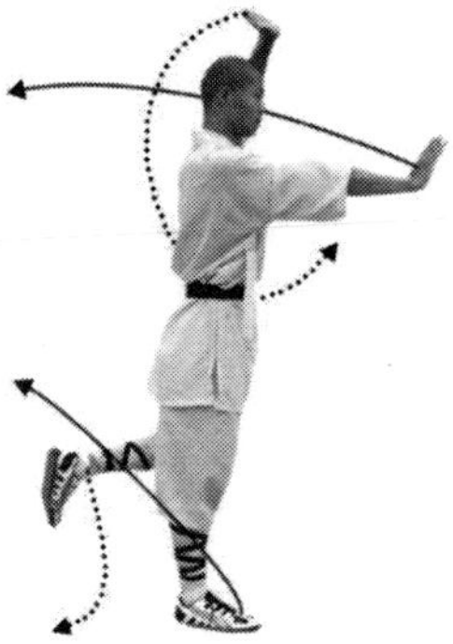

图 32

图 33

29.野马闯槽

右腿落地直立，两脚踝地，身体向左转90度，左腿抬起向前弹踢；右掌变拳，由后向前冲出，拳心向左；左掌上架于头上左侧，掌心斜向上；目视前方。（图34）

上述动作不停，左脚落于右脚前，速抬右腿向前蹬踢；右拳变

掌，右掌架于右侧上方，掌心斜向右，掌指向上；左掌架于头前左侧，掌心向右，掌指向上；目视前方。（图35）

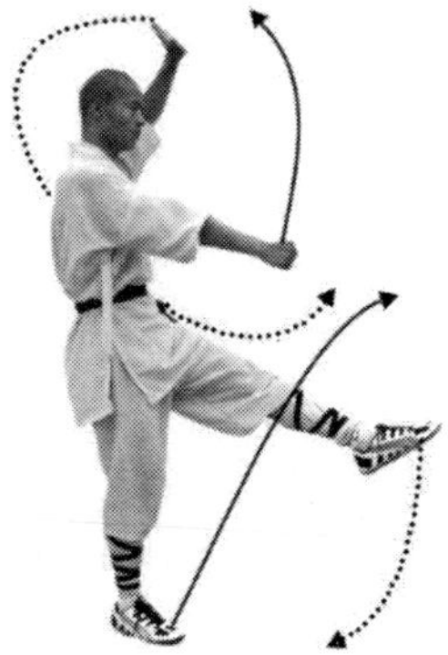

图 34

图 35

30.双龙出海

右脚于左脚前一步落地，两脚蹍地，身体向左转180度，左腿屈膝成左弓步；两掌迅速由后向前探身穿出，左掌心向前，掌指向上，右掌心斜向上，掌指斜向左；目视前方。（图36）

上述动作不停，两脚蹍地，身体向右转180度，右腿屈膝成右弓步；身体向前探，两掌由后向前冲出，两掌心向下，掌指向前；目视前方。（图37）

图 36

图 37

31.共工撞山

两脚踝地，身体向左转180度，两脚向前踮跳一步，左腿屈膝成左弓步，身体向前探；两掌由后向前猛冲，右掌架于头上方，掌心向前，掌指斜向上；左掌向下，掌心向右，掌指斜向下；目视左掌。（图38）

上述动作不停，两脚踝地，身体向右转180度，右腿屈膝成右弓步，身体向前探；两掌由后向前方猛冲，右掌冲于前下方，掌心向左，掌指斜向下；左掌架于头侧上方，掌心向右，掌指向上；目视前方。（图39）

图 38

图 39

32.武王劈砖

两脚踾地，身体向左转180度，成左弓步；两掌由后向前下方抡劈，右掌劈于前方，掌心向左，掌指向前，左掌展于左侧后上方，掌心向外，掌指向后；目视右掌。（图40）

33.海底捞月

两脚向前踮跳一步，左腿屈膝成左弓步；右掌向前下方托击，掌心向右，掌指斜向下；左掌架于头前上方，掌心斜向上，掌指向右；目视右掌。（图41）

图 40

图 41

34.霸王开弓

两脚踩地，身体向右转90度，两腿屈膝成马步；两掌变拳，左拳向左冲出，高与肩平，拳心向前；右臂屈肘，右拳护于右肋外侧，拳心向上；目视左拳。（图42）

35.高祖斩蛇

两脚踩地，身体向左转90度，两脚向前踮跳半步，左腿屈膝成左弓步；右拳变掌由后向前下方劈击，掌心向左，掌指斜向下；左拳变勾手，架于左侧后方，勾尖向下；目视右掌。（图43）

图 42

图 43

36.养由基神射

两脚跳起，向右旋转270度，两腿相距一步落地，右腿屈膝成右弓步；左勾手变掌向左侧冲出，掌心向左，掌指向上；右掌上架于头上右侧，掌心斜向前，掌指斜向上；目视左掌。（图44）

37.李靖托塔

两脚蹍地，身体向左转90度，上右脚落于左脚前半步，两脚再蹍地，身体再向左转90度，抬左脚落于右脚后外侧半步，成叉步；右掌由后向右侧平端，左掌护于右肘内侧，掌心向上，掌指向右；目视右掌。（图45）

图 44

图 45

38.龙王布雨

两脚踉地，身体向左转90度；左掌向左上方摆展，掌心向右，掌指斜向上；右臂屈肘，右掌护于左肋前，掌心向左，掌指斜向前；目视前方。（图46）

39.闻太师举鞭

左脚后撤半步，两脚踉地，身体向左转90度，左腿屈膝成左弓步；左掌由右向左崩击，掌心向前，掌指向左；右掌后展于右侧，掌心向前，掌指向右；目视左前方。（图47）

图 46

图 47

40.黄飞虎摧牛

两脚踝地，身体向左转90度，右脚上步震脚，左脚再向前移步，屈膝成左弓步；右掌由后向上再向前下方猛按，掌心向下，掌指向前；左掌由上向下画弧再向外向上架于头上方，掌心向外，掌指斜向上；目视前方。（图48）

图 48

41.杨真君担山

抬右脚落于左脚前一步，两脚踝地，身体向左转90度，右腿屈膝成右弓步；两掌左右展开，掌心向外，掌指向上；目视右前方。（图49）

42.姜子牙斩将

右脚向左跨步，与左脚并步站立；左掌收回身前，再向后下方猛劈，掌心向下，掌指向左；右掌横架于头前上方，掌心斜向右，掌指斜向上；目视前方。（图50）

图 49

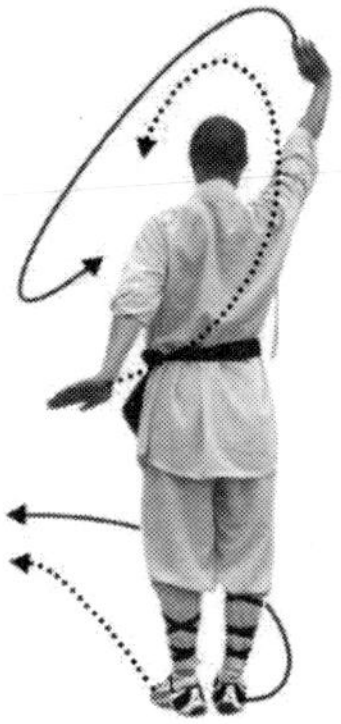

图 50

43.金龙旋云

两脚向左侧旋跳，身体向左转270度，右脚落地站稳，左脚向后点地；右掌向前推出，掌心向前，掌指向上；左掌上架于左侧上方，掌心向外，掌指斜向上；目视前方。（图51）

44.恶虎登攀

左脚落于右脚后一步，两脚踝地，身体向左转180度，左腿屈膝成左弓步；右掌由后向前推击成正立掌，掌心向前，掌指向上；左臂屈肘，左掌变拳变拳护于左肋下外侧，掌心向上；目视右掌。（图52）

图 51

图 52

45.五花坐山

两脚跳起，身体向右旋转270度，落地震右脚，两腿屈膝成马步；右掌变拳，右拳上架于头前上方，拳心向前；左拳护于左膝上，拳心向后；目视左侧。（图53）

46.摆莲脚

左脚向右移半步，以右脚为轴，身体向右转90度，速抬右脚向右摆踢，两拳同时变掌，由右向左拍击右脚面；目视两掌。（图54）

图 53

图 54

47.弯弓射雁

两脚落地，然后两脚踬地，身体向左转90度，右腿屈膝成左仆步；两掌落于胸前交合，左掌迅速推向前方，掌心向前，掌指向上，右臂屈肘，右掌护于右肋侧，掌心斜向下，掌指斜向上；目视左掌。（图55）

图 55

48.迷糊手

抬右脚移于左脚前半步成虚步；两手由外向内交合成下叉手，左

掌在内，右掌在外，掌心斜向下，两掌指斜向前；目视前方。（图56）

上述动作不停，右脚向后撤一步，落于左脚后，身体向右转180度；两手分开，再交合于胸前成下叉手，右掌在下，左掌在上，掌心向下；目视两掌。（图57）

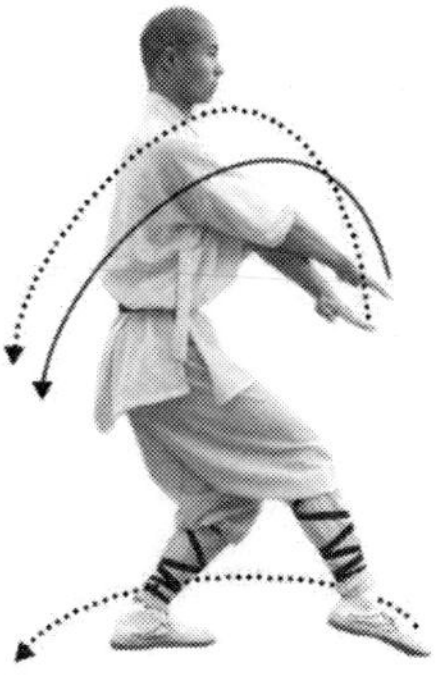

图 56

图 57

上述动作不停，左脚向右移步，落于右脚前半步成叉步；两手同时向外旋腕，然后右手由下向上架于头上前方，掌心斜向上，掌指向左，左手由下向后甩成反勾手，勾尖向上；目视左侧方。（图58）

49.罗汉还礼

左脚撤步，与右脚并拢站立；右掌下落于胸前，左勾手变掌由后前穿在胸前，与右掌交合成下叉手，然后右掌由前向右再向上横架于头上前方，掌心向上，掌指斜向左，左掌由前向上向左再向下端于腹部，掌心向上，掌指向右；目视前方。（图59）

图 58

图 59

50.罗汉合十

两脚不动；左掌上举，与右掌共同外展，向两侧画弧，再向下向内上抱于胸前，成十字叉手，左掌在内，右掌在外，两掌心向外，掌指向上；目视前方。（图60）

收　势

两脚不动；两掌下落再向外向上向内画弧，然后下落于两胯外侧，掌心向内，掌指向下；目视正前方。（图61）

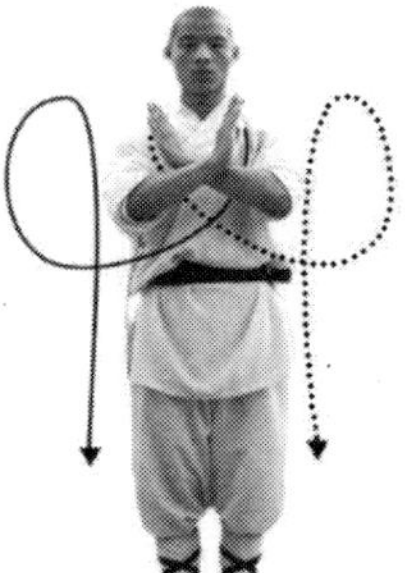
图 60

图 61